Vivre autrement

La collection *Le monde des idées*
est dirigée par Nicolas Truong

Dans la même collection :

Jean Claude Ameisen, illustré par Pascal Lemaître, *Les chants mêlés de la Terre et de l'Humanité*
Collectif, *Le crépuscule des intellectuels français ?*
Collectif, *Résister à la terreur*
Collectif, *Penser après le 11 janvier*
Collectif, *Résistances intellectuelles*
Collectif, *Philosophie de la marche*
Boris Cyrulnik, Tzvetan Todorov, *La tentation du Bien est beaucoup plus dangereuse que celle du Mal*
Stéphane Hessel, avec Edgar Morin, *Ma philosophie*
François Hollande, Edgar Morin, *Dialogue sur la politique, la gauche et la crise*
François Jullien, illustré par Pascal Lemaître, *Pourquoi il ne faut plus dire « je t'aime »*
Edgar Morin, illustré par Pascal Lemaître, *La Marseillaise*
Gérard Noiriel, *Les Gilets jaunes à la lumière de l'histoire*
Olivier Roy, *La peur de l'islam*

www.editionsdelaube.com

ISBN 978-2-8159-4409-0

Claire Marin

Vivre autrement

dialogue avec Nicolas Truong

éditions de l'aube

Claire Marin enseigne la philosophie dans les classes préparatoires aux grandes écoles à Paris. Membre associée de l'École normale supérieure, elle dirige le Séminaire international d'études sur le soin.

Nicolas Truong est grand reporter au service Idées-Débats du *Monde*. Il a notamment dirigé l'ouvrage collectif *Philosophie de la marche* (l'Aube, 2018) et mis en scène, au festival d'Avignon, *Interview*, pièce de théâtre consacrée à l'art de l'entretien journalistique.

Claire Marin, philosophe des épreuves de la vie

Son écriture philosophique est empreinte d'une immense clarté. Claire Marin est pourtant une philosophe des épreuves de la vie – ruptures, deuils, maladie –, une analyste de ces états limites où les frontières de l'identité se brouillent et lors desquels la couleur des sentiments n'est pas aisée à démêler. Mais elle parvient toujours à dégager une idée d'une émotion, à tirer un concept d'un affect. À trouver les mots pour décrire une douleur, explorer une faille, un tourment ou accompagner un élan.

Avec *Rupture(s)*[1], Claire Marin s'est imposée comme l'une des plus subtiles et

1. Claire Marin, *Rupture(s)*, Paris, L'Observatoire, 2019.

pénétrantes philosophes de l'intime. Loin d'un « usage dévoyé » de la notion de résilience, qui suppose chez les individus une capacité à rebondir en toutes circonstances, Claire Marin a montré qu'une séparation (amoureuse ou familiale) peut « nous disloquer jusqu'à la folie ». Mais elle a relevé aussi comment une rupture peut « être créatrice si elle se saisit de ce qu'elle brise » et tient dans « la capacité à réinventer son existence ou son identité en rompant avec les éléments mortifères du passé ».

C'est sans doute l'épreuve de la maladie qui lui a donné une si grande acuité. Atteinte d'une maladie auto-immune qui s'attaque aux cellules de l'organisme et les détruit, Claire Marin sait qu'elle est « face à [sa] propre déconstruction », puisque son corps s'effondre comme « un château de cartes ». Auteure de plusieurs ouvrages théoriques consacrés à cette déflagration[1], elle a mis au jour, dans un récit vif et concis, *Hors de moi*[2], « l'invisibilité » dont

---

1. Claire Marin, *Violences de la maladie, violence de la vie*, Paris, Armand Colin, 2008 ; *La maladie, catastrophe intime*, Paris, PUF, 2014.
2. Claire Marin, *Hors de moi*, Paris, Allia, 2008.

souffrent les malades (« Les médecins entrent dans la chambre et parlent de vous comme si vous n'étiez pas là »), l'inexplicable « ivresse de la douleur », et révélé la seule puissance capable de la contrer : le désir. D'aimer, d'enfanter. Le désir d'écrire et le plaisir de lire aussi.

Car Claire Marin carbure à la littérature : Artaud, Michaux, Woolf ou Flannery O'Connor. Et Vincent Delecroix, Philippe Forest, Laurent Mauvignier, Charles Juliet ou Annie Ernaux pour les contemporains. Malgré les rechutes, l'aberration de certains traitements, la mise à nu et parfois même l'humiliation de séances d'auscultation, la souffrance s'est déplacée aujourd'hui « à la périphérie de [sa] vie ». Sa capacité à cerner les ressorts de l'intimité est sans nul doute également venue d'une formation littéraire et philosophique empreinte de récits de soi.

Marquée par la lecture des *Essais* de Montaigne (« Je suis moi-même la matière de mon livre ») et des *Confessions* de Rousseau (« J'ai dévoilé mon intérieur tel que tu l'as vu toi-même »), elle donne ses premiers cours sur l'intériorité (de Plotin à

Michaux) et consacre sa thèse à l'habitude. Des sujets de recherche peu communs dans sa discipline. Sa démarche consiste à « donner de la chair à la théorie ». En résumé, dit-elle, « lire Annie Ernaux permet de ressentir ce que dit Bourdieu ». D'où son rattachement à ces penseurs contemporains qui s'enracinent dans un vécu, telles Judith Butler et Chantal Jaquet.

C'est pourquoi Claire Marin réalise en 2018, avec sensibilité et discernement, le portrait de ses élèves d'une classe préparatoire en banlieue parisienne, à Cergy, auprès de qui, écrit-elle, « on se retrouve pris au piège de nos propres préjugés ». Son titre ? *La Relève*[1]. Le mot lui va bien. Car Claire Marin sait à la fois se relever (d'une rupture) et révéler (les plis de notre intimité). C'est pourquoi elle incarne incontestablement l'une des figures de la relève philosophique française.

Nicolas Truong

---

1. Claire Marin, *La relève*, Paris, Cerf, 2018.

L'épreuve de la rupture peut nous disloquer jusqu'à la folie

30 mars 2019

Nicolas Truong. – En quel sens vivons-nous une « époque de la rupture », qui semble s'étendre de la catastrophe écologique à la disruption politique, en passant par la séparation amoureuse ?

Claire Marin. – En ce qu'elle s'expérimente désormais, comme vous venez de le dire, sur tous les plans de l'existence. Il y a peu de domaines stables, solides, sur lesquels nous pouvons compter avec certitude. Comme si plus rien, ni les relations, ni les engagements professionnels, amoureux, idéologiques, n'était fait pour durer. Et le théâtre de ces ruptures démultipliées, le monde au sens politique ou écologique, menace de s'effondrer. L'idée même de durée semble d'une autre époque. On valorise la flexibilité, l'adaptation, l'innovation, et on regarde les parcours continus comme s'il s'agissait d'existences paresseuses ou trop prudentes. On est bien loin de l'idée de persévérance. Nous sommes devenus tellement impatients et si facilement insatisfaits !

Or la durée, la continuité, sont nécessaires aux relations qui construisent et qui réparent : l'éducation, le soin et tout ce qui permet à un enfant ou à un être fragilisé d'élaborer ou de restaurer une confiance en soi, en ses facultés, nécessitent un temps continu et irréductible. On ne peut plus continuer à fragmenter et à accélérer sans cesse nos vies. Il y a des relations fondatrices qui ne supportent pas la discontinuité et la multiplication des ruptures. On sait la souffrance des enfants placés et déplacés d'une famille d'accueil à l'autre, celle des exilés chassés par les conflits ou la misère. Il y a des liens primordiaux qui doivent être préservés. Comment s'orienter dans l'existence sans repères fondamentaux ?

Nicolas Truong. – L'ère des ruptures s'accompagne souvent d'un discours sur « l'adaptation », fait de « pédagogie » ou d'incitation à « positiver ». Quel regard portez-vous sur le discours relatif aux « vertus de l'échec » ou à la « résilience » en vogue aujourd'hui ?

Claire Marin. – Si un échec est facile à dépasser, c'est peut-être qu'au fond, il n'est pas vécu comme tel, mais plutôt comme une libération, il nous révèle que ce désir de réussir n'était pas vraiment le nôtre, il venait peut-être d'ailleurs, d'une projection familiale ou de normes sociales. Je crois que les véritables échecs laissent au contraire des traces profondes, et ces blessures fragilisent au point que l'on s'enlise parfois dans l'échec comme s'il était devenu notre nouvelle définition. Il arrive que l'on reste hanté toute sa vie par un chagrin d'amour ou un concours raté, et que l'on y voie la matrice même d'une vie en demi-teinte, d'une vie par défaut, passée pour ainsi dire à côté de soi-même.

La tendance contemporaine à la positivité en toutes circonstances me paraît en fait assez violente, parce qu'elle redouble la souffrance de celui qui est piégé dans la difficulté, en le culpabilisant : il ne sait pas « rebondir », « voir les choses du bon côté ». Il serait finalement responsable de sa propre tristesse, comme s'il la cultivait volontairement. C'est une manière de nier la réalité et la profondeur de sa déception. On dévalue l'enjeu que constituait la réussite dans l'existence du sujet, l'importance qu'il accordait à une relation ou à une promotion, et on exige de lui qu'il passe à autre chose. La dimension dramatique de certaines ruptures est sous-estimée, sous prétexte qu'elles seraient devenues de plus en plus fréquentes. Mais cela ne signifie pas qu'elles cessent de nous atteindre et de nous déstabiliser profondément.

Nicolas Truong. – Pourquoi la rupture amoureuse apparaît-elle comme le paradigme de toutes les ruptures ?

Claire Marin. – Parce qu'elle touche profondément à notre sentiment d'identité, ravive les vulnérabilités anciennes. Dans la rupture amoureuse, ce n'est pas seulement un être aimé que l'on perd, c'est aussi la personne qu'il voyait en nous et que son amour valorisait. Mais c'est également tout un monde, des lieux, des repères, un langage propre au couple, des amitiés, des familles, et tout un passé, une histoire commune, qui disparaissent avec lui. Ce monde est englouti par la séparation amoureuse. On a l'impression d'avoir tout perdu, un peu comme un naufragé. Et de n'être plus personne, au milieu de nulle part. C'est une expérience de désorientation existentielle. Alors, on se laisse mourir de chagrin ou on essaie de reprendre autrement le cours de la vie. C'est une mise à l'épreuve intime, qui détruit mais qui sollicite aussi des résistances inattendues, nouvelles. On se surprend, on découvre des ressources inespérées dans ce retour à soi involontaire.

Nicolas Truong. – Qu'est-ce que le désamour ?

Claire Marin. – C'est lorsqu'une altérité s'immisce dans la relation, quand l'être qu'on aimait apparaît sous un jour différent, d'une manière qui le rend de plus en plus étranger. Cette mise à distance tient souvent au fait qu'on a soi-même changé de perspective. On s'est éloigné, souvent sous l'emprise d'un autre désir – passion amoureuse, réussite professionnelle, besoin d'ailleurs. On s'est déjà mentalement détaché du corps commun, de l'unité du couple, pour se projeter dans un autre objet de désir. C'est une distance affective et morale, mais elle se trahit souvent dans des petites hésitations du corps, dans une impatience, comme si déjà une part de nous-mêmes avait déserté cet amour.

Nicolas Truong. – Pourquoi y a-t-il, selon vous, un « travail de séparation », comme les psychanalystes parlent d'un « travail du deuil » ?

Claire Marin. – Se retrouver séparé, c'est-à-dire « à part », quand on a été mélangé, quand on s'est confondu avec l'autre au point de ne plus savoir vraiment ce qui était sien, quand on a vécu et pensé au pluriel, nécessite en effet tout un travail.

Il faut apprivoiser une vie sans *alter ego*, une vie silencieuse, sans répondant, au moins pendant un petit moment, sans ce double dont la présence rythmait l'existence et lui donnait un sens. Il faut faire le deuil de la vie d'avant et de l'identité que cette relation nous conférait. Il faut transformer l'espace de solitude en espace personnel, se l'approprier et l'habiter. Cela prend du temps d'emménager psychiquement dans une nouvelle vie. Comme dans la maladie, il y a une période de convalescence. Il faut réapprendre à marcher tout seul, trouver son propre pas, quand on l'a longtemps accordé sur quelqu'un d'autre. Il faut inventer une nouvelle chorégraphie en solo, en quelque sorte. Le travail de séparation est tout autant un travail sur la perte qu'un exercice de création.

Nicolas Truong. – Quels sont les ressorts de la rupture amicale ?

Claire Marin. – La rupture amicale est souvent la première que l'on expérimente, et elle est terriblement douloureuse. C'est, dans les enfances préservées, le premier grand chagrin et la découverte du malheur. Tout y est déjà en germe : la mise à l'écart, la dévalorisation, mais aussi l'incompréhension et la confrontation à l'irreprésentable : comment l'amitié peut-elle disparaître ? Comment peut-on cesser d'aimer quelqu'un dont on a été si proche ? Cette découverte de l'inconstance des sentiments est particulièrement troublante. Mais la véritable question est celle de l'injustice : pourquoi est-ce à moi que ça arrive ?

Nicolas Truong. – Pourquoi, sans être une vertu, la rupture peut-elle être malgré tout une chance, une occasion de devenir soi ?

Claire Marin. – La rupture nous laisse souvent dans un dénuement : on ne sait plus qui l'on est, on doute de sa propre valeur, on a perdu ses repères affectifs. Mais ce vide est aussi un espace à peupler, un temps propre, un lieu où peuvent émerger des talents, des qualités, des désirs, qui ne pouvaient pas se déployer au sein de l'ancien amour.

Bergson dit que, dans l'enfance, nous sommes riches d'une multiplicité d'identités possibles et que nous abandonnons ces êtres potentiels au fur et à mesure que se précise notre personnalité. Seul l'artiste, d'après lui, réussit à les faire revivre sous la forme de personnages romanesques. Mais on pourrait imaginer que, dans le meilleur des cas, la rupture ressuscite certaines figures du passé auxquelles on avait renoncé pour composer avec son compagnon, son travail, sa famille. Alors, la rupture – avec ses proches, avec son milieu, avec un ancien amour – fait éclore une part d'identité, dont le caractère essentiel nous apparaît, pour ainsi dire, par accident.

Nicolas Truong. – Être séparé, n'est-ce pas un résumé de la condition humaine ?

Claire Marin. – Oui, nous faisons sans cesse l'expérience de la perte : la naissance, la maladie, le deuil, mais aussi la trahison, l'abandon, l'exil, la guerre, sont des ruptures qui rythment la vie des hommes. Nous sommes sans cesse séparés des autres et, parfois, même, éloignés de nous-mêmes.

L'épreuve de la rupture peut nous rendre étrangers à tout ce qui nous était familier, nous disloquer jusqu'à la folie.

On pourrait dire que la condition humaine est faite de l'expérience des ruptures tout autant que de la capacité à y répondre en créant des manières de les intégrer à l'existence, en inventant des structures qui protègent et réparent ces ruptures, qui soutiennent ceux qui en souffrent et les secondent. Et, enfin, en gardant l'espoir que des liens peuvent résister à la tentation de la rupture. On ne peut pas se résoudre à l'idée que toutes les relations humaines soient vouées à l'inconstance ou à la disparition. À une époque où tout paraît éphémère et incertain, les liens durables sont d'autant plus précieux.

Avoir le courage de rompre est souvent le premier moment d'une réconciliation avec soi-même

19 août 2019

Nicolas Truong. – Y a-t-il une manière de rompre avec quelqu'un – un amour, un parent, un ami ou un groupe – qui laisse place à la réconciliation ?

Claire Marin. – Oui, il y a, au cœur de la rupture, malgré le déchirement et la souffrance qu'elle engendre, la conscience nécessaire d'une retenue et d'une prudence. Il y a toutes les choses que l'on se retient de dire, parce qu'elles risqueraient de nous faire basculer dans l'irréparable. Aussi difficile que cela puisse paraître, il y a des phrases, des vérités, même, que l'on doit taire, si l'on veut qu'une réconciliation soit possible plus tard. Parce que ces paroles perdureront au-delà des moments de dispute ou de tension dans lesquels elles auront été prononcées, elles continueront leur travail destructeur dans la mémoire de celui qui les aura reçues comme une gifle. Une telle blessure reste longtemps vive et fait obstacle à une réconciliation.

On touche ici à la question de l'impardonnable. Les mots et les gestes qui accompagnent la rupture comptent parfois beaucoup plus que les raisons mêmes de la rupture. Peut-être faut-il consigner ailleurs l'expression de notre ressentiment, notre déception ou notre chagrin, garder pour nous « notre » vérité, pour éviter d'abîmer la relation à venir avec ceux que l'on a aimés. Il s'agit aussi de ne pas s'abîmer soi-même dans des actes qui nous paraîtront plus tard indignes.

Même si la colère nous dépossède, il faut résister à l'envie de lui laisser libre cours, ou tout au moins en canaliser les manifestations. Il faut résister à la violence que la rupture peut semer en nous, à la tentation de tout détruire, de tout faire voler en éclats. Ne pas humilier, ne pas maltraiter l'autre. Parce que si nous cédons, nous ne perdons pas seulement l'autre, l'histoire que nous avons partagée, mais nous nous perdons nous-mêmes et renions la personne que nous avons été.

Il faut réussir à préserver dans la rupture ce qui a été fort et beau dans la relation avec l'autre, et l'image qu'on aimerait que l'autre garde de nous. Mais, par impatience, par inconscience, par frustration ou par tristesse, on réussit rarement à rester aussi droit qu'on le souhaiterait.

Nicolas Truong. – Qui sont les êtres – enfants, notamment – et les choses – comme la maison ou l'appartement – qui nous enjoignent à la réconciliation ?

Claire Marin. – La rupture est rendue plus complexe par les traits d'union que sont les enfants ou certains biens partagés. C'est souvent pour les préserver que l'on s'empêche justement d'aller jusqu'au bout de sa colère, ce sont souvent eux qui nous obligent malgré nous à travailler à une réconciliation, alors même qu'on souhaiterait parfois plutôt faire disparaître du paysage celle ou celui dont la présence ou le souvenir reste profondément douloureux.

On dit parfois qu'il faut savoir « composer » avec cette contrainte, et le terme, dans sa polysémie, dit à quel point il faut à la fois, comme le comédien, faire semblant, prendre de l'avance sur la réconciliation et surjouer un état apaisé dans lequel souvent on ne se trouve pas encore, mais aussi composer au sens musical : il faut trouver une nouvelle mélodie, un nouveau rythme à donner à cette relation. Trouver le bon *tempo*, adopter un mode mineur ou majeur, mélancolique ou faussement enjoué ; la relation se réécrit et s'improvise dans des modalités inédites et parfois surprenantes. Il faut que chacun retrouve une place en abandonnant, parfois à contrecœur, celle qui a été la sienne. Que chacun trouve ses marques dans une relation recomposée.

Cette reconfiguration ne va pas de soi et le terrain est pour ainsi dire miné : il est parfois difficile d'identifier où iront se loger les fragments de souvenirs que l'on veut conserver comme des talismans et ceux qui nous hantent de manière fantomatique.

Les enfants, les maisons, certains objets témoignent de ce passé qui ne peut pas simplement s'archiver, parce qu'ils sont l'incarnation vive de nos existences qui ont été mêlées et indistinctes.

Ils sont aussi parfois, malheureusement, ceux sur lesquels se projettent les affects douloureux et autour desquels on règle ses comptes. Vider la maison de ses parents après un deuil, se répartir les possessions, ne se fait pas sans tensions ni arrière-pensées à l'intérieur d'une fratrie. Les preuves d'amour qui se logent encore dans des vêtements, des bijoux, des livres ou des meubles font alors l'objet de luttes qui peuvent paraître dérisoires, vues de l'extérieur. C'est parfois un simple chapeau de paille qui ravive le souvenir heureux d'un être cher disparu.

Nicolas Truong. – La réconciliation peut-elle être parfois une souffrance supplémentaire ?

Claire Marin. – Oui, quand elle maintient artificiellement le sujet dans une relation qui continue à le détruire ou, tout au moins, à le faire souffrir. Quand il ne parvient pas, par exemple, à faire le deuil d'une relation et que la réconciliation entretient l'espoir d'une reprise possible. À cause des enfants ou pour des raisons matérielles qui obligent à des formes de proximité, la réconciliation est parfois imposée, alors même qu'il serait sans doute meilleur d'instaurer une distance. Je peux avoir le sentiment d'une forme de compromission. Je pactise malgré moi avec l'ennemi. C'est alors à moi-même que j'en veux. Il vaudrait alors mieux sans doute renoncer à se réconcilier. Mais comme on l'a vu, certaines contraintes nous l'imposent.

Nicolas Truong. – À quelles conditions une reprise, notamment amoureuse, est-elle possible ?

Claire Marin. – À condition que la relation se rejoue sur la base d'une toute nouvelle partition, pour filer la métaphore musicale. Elle doit intégrer ce qui a été la source de la séparation et, d'une certaine manière, le digérer. Tout ce qui tente de se reconstruire sur la base d'une mise entre parenthèses artificielle sera sans doute condamné à s'écrouler de nouveau.

Si la relation reprend, c'est avec deux partenaires qui ont été transformés par leur rupture. C'est, en ce sens, une toute nouvelle relation, qui a comme richesse de connaître ses failles et ses points faibles. Peut-être qu'ainsi le couple saura être plus vigilant et s'avérera plus solide. Il y a peut-être, avec cette innocence perdue dans la rupture, l'émergence d'un couple plus mature.

Tout cela est au conditionnel, je n'en suis pas fondamentalement convaincue. Je crois que la rupture amoureuse détruit en grande partie l'élan vers l'autre et abîme la confiance. Mais, heureusement, toutes les histoires sont singulières et imprévisibles !

Nicolas Truong. – Peut-on se réconcilier avec une personne qui vous a fait du mal, après la mort de celle-ci ?

Claire Marin. – C'est une question très sensible. Comment se réconcilier avec celui qui s'est enfui dans la mort, d'une certaine manière, sans prendre le temps de régler ses comptes ou sans en être capable ? J'ai lu qu'il existe au Japon une cabine téléphonique où l'on s'adresse aux morts[1]. Je crois qu'il se joue là quelque chose d'important.

Dans l'écriture, ou dans une parole qui peut se faire sur le mode d'un dialogue ou d'une prière, s'adresser à celui qui a refusé, volontairement ou non, la réconciliation peut être une manière de recoudre ce qui a été déchiré. Inscrire dans un récit ce que l'on a à dire, quand bien même ce récit reste secret, permet de clore ce qui restait inachevé. La douleur ne disparaît pas de manière magique, mais elle est consignée, ce qui la délimite, la circonscrit.

Nicolas Truong. – En quel sens la rupture est-elle une réparation ?

1. Installée dans un jardin privé dans le nord-est du pays, à Otsushi, après le tsunami de 2011, la cabine téléphonique abrite un cahier et vieux téléphone noir à cadran relié à rien, surnommé le « téléphone du vent », pour ceux qui souhaitent adresser des messages aux défunts. Elle a reçu, depuis, plus de vingt-cinq mille visiteurs. (Japon infos, 2019.)

Claire Marin. – La rupture est une réparation quand elle nous permet d'en finir avec ce qui nous fait souffrir. Elle est libératrice quand elle nous défait d'un milieu, d'un mode de vie ou d'un personnage dans lequel nous étions malgré nous enfermés et qui nous rendait malheureux. Rompre avec son bourreau, qu'il s'agisse d'un adulte maltraitant, d'un collègue harceleur, d'amitiés destructrices, permet de réparer le sujet blessé. Avoir le courage de rompre est souvent le premier moment d'une réconciliation avec soi-même.

Rompre avec sa famille, avec son mari, rompre avec sa religion, est parfois une manière d'assumer une identité qui était obligée de s'effacer devant des figures d'autorité et d'affirmer sa majorité, au sens où l'entendait Kant : se défaire des tutelles et oser penser par soi-même. Et j'ajouterais : vivre par et pour soi-même. Cesser de vivre par et pour les autres. La rupture s'inscrit alors dans un processus de maturité et dans une logique d'affirmation de sa liberté. Il faut se défaire des origines, des liens premiers liés à l'immaturité, pour exprimer son originalité propre. Cela peut passer par un détachement pénible, mais nécessaire et, parfois, salvateur.

C'est une réparation, au sens où il y a souvent, au principe de ce type de rupture, l'histoire d'un abaissement subi ou consenti à une relation aliénante, parfois humiliante. C'est la personne qui, en nous, a été blessée par cette relation que l'on répare en mettant un terme à celle-ci ou en la transformant radicalement. C'est par fidélité à une certaine idée de soi qu'il faut rompre avec ceux qui nous empêchent d'être pleinement celui ou celle que nous avons le droit d'être.

Face à la catastrophe, on se rassure en la considérant comme une parenthèse plutôt que comme un avertissement

24 mars 2020

Nicolas Truong. – L'expression « Nous sommes en guerre », utilisée par le président de la République[1], est-elle appropriée à la situation que nous vivons ?

Claire Marin. – À mon sens, il ne s'agit pas d'une guerre, parce qu'il n'y a pas d'ennemi. Nous sommes face à un phénomène qui s'inscrit dans la loi du vivant, laquelle se manifeste à la fois au travers de processus de création et de

---

1. Emmanuel Macron, Adresse aux Français, 16 mars 2020, en ligne, URL : <https://www.elysee.fr/emmanuel-macron/2020/03/16/adresse-aux-francais-covid19>. (Tous les liens ont été vérifiés le 31 mars 2021.)

processus de destruction. La maladie fait partie de la vie au sens biologique, comme la dégénérescence et la mort. Il n'y a pas d'ennemi quand il n'y a ni intelligence humaine ni intention de nuire. Il s'agit d'un phénomène biologique qui nous menace et nous met à l'épreuve, mais ce n'est pas une guerre.

Penser les maladies sur le modèle de la guerre, ce qui est courant, c'est se méprendre sur l'essence du vivant. Je ne suis pas sûre que cela aide à se la représenter ni à en comprendre le fonctionnement. D'autant plus qu'ici, il s'agit non pas d'aller au contact, mais bien plutôt de l'esquiver comme un boxeur agile qui refuserait de rendre les coups. Pour le moment, nous ne sommes pas en mesure de la détruire, ni par un traitement, ni par un vaccin, mais simplement d'essayer autant que possible de freiner sa propagation affolante. C'est très différent.

Nicolas Truong. – N'y a-t-il pas toutefois une situation, notamment sanitaire, qui rappelle la guerre ?

Claire Marin. – Ce qui s'apparente à une guerre, c'est ce que vivent les soignants, puisque les hôpitaux se transforment en un champ de bataille. Et ce n'est presque plus métaphorique, malheureusement. C'est-à-dire qu'ils doivent faire face à un afflux considérable, et parfois monstrueux, de patients qu'ils n'ont pas toujours les moyens de soigner correctement ou de soigner tout court. Ce qui est vrai, c'est que, pour eux, s'impose désormais une logique de médecine de catastrophe ou de médecine de guerre, où il faut choisir entre les patients, trier en fonction d'un « score de fragilité », appliquer des logiques de sacrifice particulièrement éprouvantes humainement et que beaucoup d'entre eux découvrent aujourd'hui avec effarement et profonde détresse.

Ce qui peut aussi éventuellement rappeler la guerre, c'est le fait que nous vivons collectivement, au même moment, la menace et le confinement. Mais, là encore, il faut garder en tête ce que peut être un confinement en temps de guerre et la manière dont nous vivons ce confinement, inquiets pour nous et pour les autres, angoissés, certes, mais sans craindre qu'un obus s'abatte sur notre abri. Le dramaturge Wajdi Mouawad, le directeur du Théâtre de la Colline, à Paris, dans son *Journal de confinement*, qui est sans doute l'un des témoignages les plus forts et les plus émouvants que j'ai écoutés récemment[1], a vécu, enfant, la guerre au Liban. Il nous rappelle ce que signifie un confinement en temps de guerre. Il dit bien, aussi, les angoisses profondes que la période actuelle ravive pour lui.

Pour nuancer mon propos, je dirais que ce n'est pas une guerre, mais que cette expérience a un potentiel destructeur moralement et psychiquement comparable à celui d'une guerre pour certains d'entre nous, en particulier ceux qui sont fragilisés par des blessures du passé.

Nicolas Truong. – De quoi certaines réactions d'« incivisme » des Français sont-elles le signe ?

1. Wajdi Mouawad, Journal de confinement, *Colline.fr*, 16 mars au 30 avril 2020, épisodes audio et vidéo en ligne.

Claire Marin. – Sans doute de notre difficulté à intégrer une réalité si étrangère à nos vies depuis des décennies. Nous avons mis, nous mettons du temps à réaliser la gravité de la situation, car ces phénomènes d'épidémie renvoient dans l'inconscient collectif aux récits d'un passé révolu, sont liés à des époques où la médecine était totalement impuissante face à ces phénomènes massifs. Jusqu'à récemment, on entendait aussi des discours minimisant la dangerosité du virus, alors qu'il suffisait de discuter au même moment avec des proches italiens pour prendre la mesure de la catastrophe. Il y a là encore la manifestation d'une forme de déni, qui n'est pas sans rappeler notre attitude face aux menaces liées au changement climatique.

Dans la situation présente, désobéir ne manifeste rien ni de notre liberté, ni de notre courage. Mais, au contraire, sans qu'on en ait nécessairement conscience, cela ne relève que de l'égoïsme et de la lâcheté : nous déléguons aux soignants l'impossible mission de guérir tous ceux que, par légèreté ou par bravade, nous aurons contaminés. Cela montre bien aussi à quel point les lois du vivant, comme la nature elle-même, nous sont devenues étrangères et lointaines, et qu'un certain bon sens, un savoir pratique des maladies, a disparu au profit d'une confiance démesurée dans les pouvoirs de la science et de la médecine occidentale.

Nicolas Truong. – Pourquoi ces attitudes relèvent-elles, selon vous, de l'ignorance des lois du vivant ?

Claire Marin. – C'est comme si nous redécouvrions qu'en tant qu'êtres vivants, nous sommes interdépendants. À force de nous considérer comme des individus, autonomes, séparés, distincts les uns des autres, nous avons fini par oublier à quel point nous sommes pris dans des flux où nous ne faisons pas que cohabiter : nous sommes liés les uns aux autres. Nous nous transmettons de la joie, des angoisses mais aussi des virus. Nous n'utilisions plus le terme de « contagion » que de manière métaphorique, nous sommes ramenés brutalement à la réalité de son sens premier.

Nicolas Truong. – Ne voit-on pas chaque personne comme un ennemi, un danger, un risque potentiel ?

Claire Marin. – Comme un ennemi peut-être pas, comme une menace peut-être. Mais aussi, je crois, comme quelqu'un qui, comme nous, découvre dans cette épreuve et sa propre vulnérabilité et sa dangerosité potentielle. C'est très troublant de se penser à la fois comme victime et comme responsable. C'est presque inconciliable.

Nicolas Truong. – N'y a-t-il pas de nouvelles solidarités qui se font jour ?

Claire Marin. – Si, bien sûr, heureusement. Il y a des signes d'entraide autour des personnes isolées, des discussions qui s'improvisent sur les balcons ou aux fenêtres, des voisins qui approvisionnent les plus fragiles. Il faut espérer que cet élan perdure malgré l'étirement du confinement dans le temps, et que nous résistions à la tentation du repli et de l'égoïsme, dont nous voyons aussi des signes chaque jour.

On voit également des liens qui se réaffirment et se renforcent. Dans ce temps libéré par le confinement, on peut enfin en accorder aux proches, aux amis, dans des discussions qui, parce qu'elles se partagent sur un fond d'angoisse commune, sont plus habitées et plus essentielles que dans nos vies normales, impatientes et souvent inattentives.

Nicolas Truong. – Êtes-vous d'accord avec l'idée selon laquelle, loin de résister à cette assignation à résidence et à cet état d'exception mondialisé, il faudrait « surveiller et punir », comme dit aujourd'hui le philosophe Slavoj Žižek[1], à rebours des analyses de Michel Foucault et de Giorgio Agamben ?

Claire Marin. – Quel sens cela peut-il avoir de résister aux injonctions qui visent à nous protéger ? Les demandes émanent des soignants eux-mêmes. C'est à eux aussi qu'il faut épargner le plus possible

1. Slavoj Žižek, Surveiller et punir ? Oh oui, s'il vous plaît !, *Nouvelobs.com*, 18 mars 2020, trad. de l'anglais par Frédéric Joly.

cette tâche insensée et monstrueuse qui est la leur en ce moment et le sera pour des semaines, peut-être des mois. C'est un état d'exception, en effet, où il faut bien comprendre à qui l'on obéit, pour quelle raison on le fait et qui l'on protège ainsi. Cela renvoie chacun à sa responsabilité face à la santé d'autrui.

Nicolas Truong. – Qu'est-ce qu'une vie confinée ?

Claire Marin. – Certains semblent découvrir la vie domestique : préparer les repas, entretenir la maison, aider aux devoirs. Si ce confinement est angoissant, c'est qu'il nous ramène parfois à un lieu et plus exactement à des tâches que nous avions déléguées à d'autres, réduites à leur strict minimum ou totalement désinvesties, et qui s'imposent à nous avec d'autant plus de pesanteur. On découvre que le souci des autres – subvenir à leurs besoins au quotidien, entretenir la maison, enseigner aux enfants (et ne parlons même pas des adolescents) –, ce sont aussi des compétences, ni subalternes ni innées. C'est toute cette vie invisible qui fait tourner les familles qu'il n'est désormais plus possible de considérer à distance, de loin, le soir en rentrant tard chez soi.

Nicolas Truong. – Comment tenir, sur la durée, cette vie confinée ?

Claire Marin. – Maintenant, il faut tenir dans cet espace parfois restreint, quoi qu'il en soit. Et sur ce point, on peut s'appuyer sur la force de l'habitude et sur les rituels qui posent des cadres. Si notre vie est devenue brutalement anormale, nous pouvons – c'est la force de tout être vivant, comme nous l'a appris le philosophe et médecin Georges Canguilhem – y recréer de nouvelles normes. Elle a changé d'allure, nous pouvons en inventer une autre, dont le rythme sera d'ailleurs peut-être moins oppressant que celui que nous imposait notre existence jusqu'alors. Nous nous sentons impuissants et démunis, il faut imaginer des formes d'activité différentes.

Pour ceux d'entre nous qui sont confinés et sortis de l'urgence de l'action, nos existences sont de l'ordre du bricolage, de l'improvisation et de l'acrobatie : comment faire cohabiter en un même espace tous nos personnages (familial, conjugal, professionnel, amical) sans risquer la collision ? Nous devons trouver nos marques, respecter les justes distances. Cela aussi prendra du temps.

Nicolas Truong. – Cette crise ne conduit-elle pas à éprouver un autre rapport à la maladie ?

Claire Marin. – Elle rend plus sensible une réalité que seuls les malades, de l'autre côté de la rive, connaissaient intimement. L'incertitude sur l'avenir, la peur de disparaître, la vie au conditionnel. Mais aussi l'espace restreint, les relations sociales réduites, les interactions professionnelles limitées. Nous découvrons ce que les personnes malades, handicapées, certaines personnes âgées ou marginalisées ne connaissent que trop bien. Est-ce que cela débouchera sur de nouvelles solidarités à l'avenir ? J'aimerais le croire.

Nicolas Truong. – En quel sens ce que nous vivons est-il une rupture ?

Claire Marin. – Au sens où nous sommes brutalement interrompus dans le flux de nos vies, séparés parfois de ceux que nous aimons, par le confinement, et que nous ne savons pas quand nous les reverrons, ni même si nous les reverrons. C'est plus qu'une rupture à vrai dire, c'est le pressentiment de la catastrophe, c'est l'expérience d'une terrible menace. Soudain, la contingence, l'absurde au sens existentiel, resurgissent dans un monde qui pensait contrôler, planifier, en quantifiant et en programmant. Aux ruptures que nous connaissons déjà, conjugales, professionnelles, spirituelles ou idéologiques, s'ajoute désormais la conscience plus vive que ce sont nos vies elles-mêmes qui sont fragiles.

Nicolas Truong. – Comment imaginez-vous le monde d'après ?

Claire Marin. – J'ai beaucoup de mal à l'imaginer, parce que, pour reprendre une image de Descartes (1596-1650), il a mille côtés. Il y a tellement de paramètres en jeu que la représentation du monde qui pourrait en émerger est presque impossible.

Je sais, par contre, ce que j'espère. Une prise de conscience à l'échelle collective de la nécessité de repenser notre lecture du monde social, la valeur des métiers, le sens d'une vie en commun, le rapport à la nature. Une réflexion sur la précipitation effrénée de nos vies, la démesure de nos déplacements, de notre consommation. À l'échelle individuelle, une plus grande lucidité face aux petits contrats de mauvaise foi que l'on passe avec soi-même.

Mais je ne suis pas très optimiste quant à la réalité de ces prises de conscience et de ces changements personnels et politiques. Face à la catastrophe, on préfère toujours se rassurer en la considérant comme une parenthèse plutôt que comme un avertissement.

Il va falloir peut-être admettre que 2020 nous prépare douloureusement à l'idée de devoir vivre autrement

27 décembre 2020

Nicolas Truong. – Dès le début de la crise sanitaire et du confinement de la population française lié à la pandémie de Covid-19, la société a voulu se projeter vers « le monde d'après ». Pourquoi l'expression – qui a pratiquement disparu – paraît-elle obsolète aujourd'hui ?

Claire Marin. – Pour traverser et supporter une épreuve, on a d'abord besoin de se dire qu'elle aura une fin, qu'elle ne durera pas indéfiniment et qu'elle a un sens : qu'elle permettra une clarification des lignes, une redéfinition plus satisfaisante de notre existence, un changement social, politique, économique… Bref, on a besoin de penser que les sacrifices qu'elle exige, la souffrance qu'elle impose, seront d'une certaine manière compensés par l'entrée dans une autre réalité où l'on trouvera des bénéfices, des améliorations.

On a besoin de l'inscrire dans un mouvement dialectique où le négatif est le passage obligé pour atteindre une situation meilleure. Le négatif aurait quelque chose de purificateur, d'une certaine manière. Car ce qui est insupportable, c'est de penser que l'épreuve peut ne servir à rien, ne rien changer. C'est pour cette raison, sans doute, que l'on a tant parlé du « monde d'après » : cette représentation nous aidait à tenir dans les moments angoissants.

Or, assez rapidement, cette image soutenante d'un « monde d'après » a disparu. Plus personne n'emploie cette expression, si ce n'est de manière ironique. On est en train d'intégrer plus ou moins consciemment l'idée que le schéma qui s'annonce n'est sans doute pas celui d'une séparation nette et franche entre l'avant et l'après, mais celui d'un glissement vers un nouveau rythme d'existence, fait de crises et de moments plus calmes, plus « normaux », dans une alternance dictée par des priorités sanitaires.

Sans jouer les Cassandre, il n'est pas impossible que ce genre d'épisodes s'inscrive dans une série plus longue. Il va falloir peut-être admettre que 2020 nous prépare douloureusement à l'idée de devoir vivre autrement. Même si l'on espère désormais, de manière beaucoup plus modeste, un simple « retour à la normale », on mesure bien tout ce qui a été changé, pour le meilleur et pour le pire. Et on peut s'inquiéter légitimement des impacts à long terme de ces modifications du travail, de l'enseignement, du soin, du rapport à la sécurité et des relations entre les individus.

Nicolas Truong. – En résumé, ne faut-il pas rompre avec (l'idéologie de) la rupture ?

Claire Marin. – L'intérêt de l'idée de rupture est dans l'énergie qu'elle peut engendrer. Elle nourrit la détermination, entretient une certaine fermeté d'âme dans la résolution de changement. Même si la rupture n'est peut-être pas si radicale qu'on le souhaiterait puisque l'ancien monde perdure en nous malgré nous (on garde ses habitudes de confort, un certain mode de pensée), l'idée d'une rupture peut soutenir nos efforts dans ce mouvement exigeant qui consiste à se défaire d'anciennes manières de vivre, de travailler, de se déplacer ou de se rapporter aux autres. En ce sens, elle ne doit pas être seulement considérée comme un principe d'illusion, elle est aussi puissance dynamique. Elle a une dimension presque performative : elle consolide la décision et soutient l'action qui met à distance le monde d'avant.

Nicolas Truong. – Parmi les désirs de changement ou les illusions de rupture, il y a l'idée que l'on puisse changer de vie et partir vivre à la campagne ou dans ces régions dites « périphériques ». Ne s'agit-il pas du choix d'une vie bonne, dans la mesure où elle conjugue le souhait d'échapper à la cherté des loyers, à la pollution ou à la déshumanisation des grandes villes, et celui de vivre un nouveau rapport à la nature, à l'espace et aux autres ?

Claire Marin. – Il n'est pas très surprenant qu'étant assignés à un lieu, nous ayons rêvé d'autres lieux, de lieux tout autres, qui étaient peut-être même, sans qu'on s'en rende bien compte, plus des utopies que des lieux réels. Notre rapport à l'espace – ou, plus exactement : aux espaces – a été profondément modifié par l'expérience du confinement. C'est ce pluriel que nous avons soudain perdu, réalisant ainsi à quel point notre vie est désormais sans doute plus dans l'espace du dehors que dans celui du dedans. Michel Foucault dit que nous vivons dans l'espace du dehors, par lequel nous sommes attirés hors de nous-mêmes[1].

1. « C'est de l'espace du dehors que je voudrais parler maintenant. L'espace dans lequel nous vivons, par lequel nous sommes attirés hors de nous-mêmes, dans lequel se déroule précisément l'érosion de notre vie, de notre temps et de notre histoire, cet espace qui nous ronge et nous ravine, est en lui-même aussi un espace hétérogène. Autrement dit, nous ne vivons pas dans un espace de vide, à l'intérieur duquel on pourrait situer des individus et des choses. Nous ne vivons pas à l'intérieur d'un vide qui se colorerait de différents chatoiements, nous vivons à l'intérieur d'un ensemble de relations qui définissent des emplacements irréductibles les uns

Or nous avons été privés de ces espaces autres, qu'il s'agisse des espaces de passage, comme les rues, ou des « espaces de halte provisoire », comme il les nomme : les cafés, les cinémas, les plages. Ces espaces qui nous attirent hors de nous-mêmes nous libèrent aussi du tête-à-tête avec nous-mêmes. En cela, ils nous sont sans doute nécessaires et fonctionnent comme un principe de « divertissement » psychique : ils nous délivrent du poids d'être sans cesse renvoyés à nous-mêmes. C'est précisément ce retour forcé à soi qui a pu nous paraître intolérable et qui a sans doute nourri ces élans projectifs vers d'autres lieux. La maison n'était plus seulement un espace de repos, elle devenait, pour certains du moins, lieu d'enfermement, et pour reprendre une autre expression de Foucault, « topie impitoyable[1] » : espace qui

aux autres et absolument non superposables. » Michel Foucault, Des espaces autres, conférence prononcée le 14 mars 1967 à Paris, in *Dits et Écrits*, tome IV : *1980-1988*, Paris, Gallimard, 1994, texte n° 360.

1. Michel Foucault, Le corps utopie, conférences des 7 et 21 décembre 1966 sur France Culture, in *Le Corps utopie*, Fécamp, Nouvelles Éditions Lignes, 2009, p. 9.

me renvoie sans cesse à moi-même, d'une manière qui peut être violente. Ou encore, huis clos intolérable et infernal avec un autre devenu trop présent.

On peut comprendre alors que beaucoup se soient projetés dans ce qui correspond à une représentation utopique, c'est-à-dire une représentation qui renverse les caractéristiques du lieu oppressant. Aux appartements urbains, clos sur eux-mêmes, souvent petits et sans verdure, répondaient les rêves de maison de campagne dotée d'un jardin et ouverte sur une nature elle-même idéalisée : sans pollution, sans autre bruit que le chant des oiseaux. Une nature prodigue et accueillante, imaginée pendant une période de confinement, au beau milieu d'un printemps exceptionnellement ensoleillé. Une campagne sans pesticides ni épandages, sans tracteurs ni voitures, une nature rêvée.

Peut-être est-ce plus d'un jardin que nous avons finalement rêvé, puisqu'il est, dans notre imaginaire, la conjugaison parfaite de la nature et du monde. Il est la nature transformée par la culture, créant pour nous un petit monde naturel organisé, domestiqué. Le jardin est pour nous, comme le rappelle Foucault, une sorte d'« hétérotopie heureuse », un espace autre qui constitue à la fois « une petite parcelle du monde » et la « totalité du monde » pour nous[1]. C'est bien là le rôle de ces hétérotopies de « compensation », comme le dit le philosophe : « […] cré[er] un autre espace, un autre espace réel, aussi parfait, aussi méticuleux, aussi bien arrangé que le nôtre est désordonné, mal agencé et brouillon[2] ». Créer à travers ce jardin rêvé un petit monde maîtrisé alors que le monde que nous connaissions semblait s'effondrer.

Mais on est alors très loin d'une vision réaliste de la vie à la campagne, dans ce qu'elle peut aussi avoir d'exigeant et d'aliénant. Dans les désirs de changement qu'on a pu entendre, il me semble que la nature reste un décor, pas nécessairement

1. « Le jardin, c'est la plus petite parcelle du monde et puis c'est la totalité du monde. Le jardin, c'est, depuis le fond de l'Antiquité, une sorte d'hétérotopie heureuse et universalisante […]. » Michel Foucault, Des espaces autres, *op. cit.*
2. *Ibid.*

un lieu compatible avec le mode de vie et de travail qu'on tentera d'y transposer. Et les résolutions de changement radical – consommer et polluer moins, vivre en autonomie – seront sans doute vite refroidies par l'exigence pratique de ces types de vie.

Nicolas Truong. – L'essor du virtuel, du télétravail et de la pédagogie en ligne est-il le signe d'un accroissement des libertés ou celui d'une nouvelle aliénation ?

Claire Marin. – L'usage démultiplié du virtuel et des technologies de la distance a eu des effets très différents selon les cadres et les situations dans lesquels il s'est déployé. Il a montré ses faiblesses dans les domaines où la transmission s'appuie sur la relation et la présence réelle dans un même espace, coprésence qui permet une circularité des échanges, une appréhension de l'humeur des participants, une intuition de la réception du message dispensé. En clair, en matière d'enseignement, cela ne peut constituer à mon sens qu'une solution ponctuelle. Ce serait une erreur de l'institutionnaliser. On perd ce qui fait l'essence – et l'intérêt – de ce métier, qui ne peut se réduire à un simple transfert de données du professeur à l'élève, mais qui doit rester une relation humaine. Le virtuel la détruit ou, tout au moins, l'appauvrit considérablement.

Sur une mosaïque de visioconférence, on ne peut regarder personne dans les yeux. Même si mon regard s'adresse au visage de l'une des personnes, elle ne le sait pas, car elle ignore où son visage est placé (et se déplace, au gré des connexions des uns et des autres) sur l'écran. Les prises de parole se chevauchent, conduisant soit au silence pesant, soit à la cacophonie. Les échanges sont souvent assez maladroits et insatisfaisants. Les connexions ne sont pas toujours bonnes. Tous ces éléments parasitent la conversation, l'interrompent, obligent à reprendre le fil des propos. Il nous manque tous ces petits indices imperceptibles que l'on identifie pourtant dans le réel et que le virtuel ne peut pas saisir, signes qui indiquent l'impatience de l'un à prendre la parole, distance que traduit le léger retrait de l'autre, etc. Il nous manque la fluidité et la spontanéité des échanges de la « vraie vie ».

Certes, le télétravail peut aussi être vécu comme une forme de libération. Parce qu'il épargne les heures perdues dans les transports, qu'il permet des aménagements dans les horaires et que certains y découvrent une plus grande efficacité, les conditions d'une meilleure concentration que dans les *open spaces* où l'on est sans cesse dérangé. Des études suggèrent même qu'il augmente la productivité. Certains de ces aménagements seront sans doute amenés à perdurer dans le fonctionnement de l'entreprise à l'avenir. Mais on voit aussi que ce travail à distance ne permet pas la stimulation des échanges réels ; les moments créatifs seraient aussi ceux de la machine à café et des discussions informelles.

Ce que nous avons découvert, c'est que notre vie n'est pas un fond d'écran sur lequel nous pouvons ouvrir une multitude de fenêtres en même temps. Ce à quoi le virtuel nous laisse croire, le *multitasking* magique (je peux regarder ce film en répondant à mes messages), l'expérience réelle l'a assez brutalement contredit.

Je ne peux pas travailler si mes enfants jouent bruyamment aux aventuriers dans la pièce d'à côté. Les espaces incompatibles, privés et professionnels, intimes et sociaux, ne peuvent se confondre et se superposer sans dommage.

Or c'est bien ce qu'il faut faire sous la pression du travail à distance : vider l'espace familial de sa couleur personnelle et intime pour le convertir en espace plus neutre de travail, imposer le silence aux enfants ou les restreindre à l'espace le plus lointain, vider la maison de sa qualité propre pour en faire un lieu où les regards extérieurs pourront pénétrer. Nous avons vu et donné à voir un peu de l'envers du décor : les intérieurs bourgeois, bohèmes, minimalistes ou surchargés de nos collègues, des artistes, des journalistes, des responsables politiques, les bibliothèques imposantes ou les étagères en kit, les lits superposés ou les grandes baies vitrées, les vis-à-vis oppressants ou la vue sur la mer. Le domaine privé l'est encore un peu moins qu'auparavant. Nous sommes entrés les uns chez les autres sans hospitalité.

Le télétravail empiète sur le temps privé, sur les jours de repos ou les moments nécessaires de détente. Il génère souvent une surcharge professionnelle, avec des horaires étendus ou des plages de travail tard le soir. L'espace privé est devenu poreux, les injonctions professionnelles s'y insèrent facilement, et il manque alors à l'employé la bulle préservée d'un lieu à soi. Foucault disait, dans *Surveiller et punir*[1], que « la visibilité est un piège », anticipant sans le savoir sur la place que prennent nos existences virtuelles. On pourrait dire, en le parodiant, que l'accessibilité est le nouveau piège contemporain. Il n'existe plus d'endroit où se réfugier loin des sollicitations professionnelles, il devient difficile de se soustraire aux impératifs professionnels qui ont désormais tant de canaux virtuels pour nous atteindre. Nous perdons nos espaces personnels, nos lieux propres, nos cachettes, où nous nous soustrayons aux regards, aux attentes et aux exigences d'autrui, en particulier sur le plan professionnel.

1. Michel Foucault, *Surveiller et punir*, Paris, Gallimard, 1975.

Paradoxe dans un moment où le contact avec les autres nous manque tant !

Nicolas Truong. – Quelles distances nouvelles se sont-elles créées lors de cette crise qui, elles, marquent bel et bien de véritables ruptures et fractures, notamment sociales ?

Claire Marin. – On a bien vu pendant cette expérimentation grandeur nature que les charges domestiques ne se sont pas réparties de façon égalitaire. Je me demande même s'il ne faut pas parler d'une régression. Le domestique et le pédagogique ont souvent été « spontanément » délégués aux femmes. Comme si, encore une fois, l'idée de capacités ou de qualités naturelles de la femme (éduquer, soigner, mais aussi laver, nourrir, couper les cheveux, coudre des masques…) resurgissait en temps de crise. Ces tâches se sont ajoutées, pour nombre d'entre elles, au télétravail ou à un travail exposé aux risques de contamination.

Évidemment, là encore, les différences sociales sont apparues comme des lignes de fracture, on l'a déjà beaucoup dit : ce sont les populations les plus fragiles qui ont été les plus exposées à la mortalité liée au Covid-19 et aux difficultés pour se nourrir. La différence d'accès aux soins et les fragilités de santé sont plus flagrantes encore aux États-Unis, où les Afro-Américains sont les plus massivement touchés par le virus. On retrouve aussi d'importantes disparités sur le plan éducatif, où le manque de matériel informatique, le manque d'espace propice au travail, lorsque les bibliothèques et les écoles ferment, les difficultés de connexion, sont autant d'obstacles à une assiduité scolaire déjà problématique.

Des failles sont également apparues au sein de mêmes catégories sociales, au sein de familles, entre les amis et les collègues : les uns apparaissaient soudain aux yeux des autres comme des privilégiés, des planqués ou des héros. Tout d'un coup, les propriétés, au sens large, sont devenues trop visibles, la vie matérielle apparaissant au grand jour. Tous ces marqueurs sont autant de signes de différences parfois insoupçonnées. Chacun définissant d'ailleurs de manière très relative ce qui semble être un privilège ou une punition :

se retrouver seul, en couple ou en famille ; travailler en présence, à distance ou en chômage partiel ; avoir un jardin ou une pièce où télétravailler.

Nicolas Truong. – Notre mode de vie est-il compatible avec le fait d'être assigné à résidence et d'être sans cesse mis à distance ?

Claire Marin. – Comme nous l'avons déjà évoqué, nous vivons de plus en plus hors de chez nous, et peut-être hors de nous. La crise a fait apparaître cette extension du domaine de nos interactions et de nos existences, faisant surgir en effet des parallèles auxquels on n'aurait peut-être pas pensé d'emblée. Pour l'homme d'affaires comme pour l'étudiant en cité universitaire ou le stagiaire logé dans un petit studio, la vie s'organise plus « autour » du foyer familial que « dedans ». Autrement dit, le foyer n'est plus un lieu névralgique, il constitue un lieu de passage, point de ravitaillement ou espace d'une brève reconnexion familiale. La vie sociale se passe essentiellement à l'extérieur, que ce soit le hall d'immeuble, le terrain de foot, l'école ou la filiale de Dubaï ou de Shanghai. Certains espaces sont nécessaires à l'amplitude sociale d'un individu, aux formes de reconnaissance qui nourrissent son identité. On comprend le besoin d'exposition virtuelle des artistes, réduits à la petite (et immense à la fois) scène de leur écran. Le fait d'avoir été assigné à résidence, dans un espace où l'on est réduit à un statut défini par la pyramide familiale, peut être déstabilisant, frustrant, voire humiliant. De manière plus dramatique, ces espaces clos de la famille se sont parfois brutalement refermés sur les individus comme de parfaites prisons. L'accès devenu impossible ou difficile aux espaces qui parfois nous sauvent, comme l'école, le planning familial, le centre social, l'association de quartier, a laissé les victimes de violences ou de maltraitances à la merci de leurs bourreaux.

Ce sont ces espaces de respiration ou de réparation, de prise en charge, de soin ou d'accompagnement qui ont fait défaut, parce qu'ils étaient devenus inaccessibles, paraissaient dangereux ou parce qu'il n'était plus possible de s'y rendre discrètement. Ce sont ces espaces communs de l'école, de l'hôpital, qui ont été inaccessibles ou délaissés, engendrant de nombreuses pertes de chances, que ce soit sur le plan physique, pour les malades non diagnostiqués, ou en raison des reports de soins, ou sur le plan psychique et social pour les élèves (plus encore sans doute que sur le plan scolaire), ou pour les victimes d'abus ou de violences. L'école est en effet un lieu où les enfants sont instruits, mais aussi, et parfois de manière vitale, le lieu où ils sont à l'abri, au moins pour quelques heures, des violences familiales, où ils sont nourris, où ils peuvent jouer, faire du sport, de la musique, du dessin, avoir une vie d'enfant un peu plus insouciante. L'école est aussi, tout le monde l'aura désormais remarqué, ce qui permet aux parents d'aller travailler et de ne pas avoir à instruire leurs propres enfants. Chacun devrait être donc plus à même de lui reconnaître une certaine utilité, si ce n'est une valeur fondamentale.

Nicolas Truong. – On a beaucoup parlé du manque de contact à travers l'évitement du toucher, mais c'est la présence qui vous apparaît comme la véritable question éthique à questionner. Pour quelles raisons ? Et que penser de la généralisation de ce nouveau terme, le « présentiel » ?

Claire Marin. – Toutes les formes de toucher ne sont pas à mettre sur le même plan. Certains contacts peuvent disparaître, les femmes en particulier ne s'en plaindront pas. On sait intuitivement quels sont les contacts qui empiètent sur notre espace personnel, de manière illégitime et envahissante, profitant de certaines habitudes sociales, et quels sont ceux qui au contraire nous réjouissent, nous rassurent, nous encouragent ou nous réconfortent. Je ne crois pas que l'on aille vers une société sans toucher, une société de l'évitement physique. Certaines mises à distance ne sont pas si désagréables. Qui ne rêve pas d'un métro à demi vide ?

Si je ne m'inquiète pas de la perte de contact – on sait combien le toucher nous a manqué et on est heureux de le retrouver –, la question de la présence me paraît en effet essentielle. Parce qu'elle résonne des affects des autres, elle transmet les humeurs, on y palpe l'atmosphère d'une situation. Elle véhicule les tensions, les amitiés, les affinités, les attentes ou le désintérêt. Et elle motive. On n'a pas le même enthousiasme ni la même efficacité lorsque l'on tente d'intéresser des visages sur un écran ou des personnes présentes dans le même espace réel que soi et dont on perçoit spontanément les réactions, les mimiques, les légers mouvements de retrait ou d'intérêt. En virtuel, nous sommes des hommes-troncs, réduits dans notre expression corporelle, privés d'une partie de ces signifiants implicites essentiels. Les corps ainsi corsetés par le cadre de la vidéo perdent énormément en expressivité. On devient littéralement des « présentateurs » que la posture figée restreint et limite.

Sans faire un cours d'étymologie, *praesens*, en latin, renvoie à l'idée d'« être en avant »: la présence est par nature dynamique, elle est mouvement vers l'autre, attention, élan. Le virtuel autorise plus facilement la présence passive, la « consommation » d'informations, le peu d'implication. La distance du virtuel n'est pas seulement géographique, elle est aussi psychologique, elle est souvent doublée d'une posture de retrait ou d'évitement (on participe peu, on éteint sa caméra), notamment parce que l'exposition virtuelle peut mettre mal à l'aise : son propre visage soudain s'affiche aussi, alors que le grand plaisir des interactions dans la vie réelle est sans doute de pouvoir l'oublier.

Nicolas Truong. – Le nombre de divorces a explosé en Chine. Et les séparations semblent en expansion en Europe après cette crise. Le confinement favorise-t-il le désamour ?

Claire Marin. – Il avive les tensions au sein de n'importe quelle relation. La relation à soi n'est pas évidente non plus. Or chaque relation se déploie selon une configuration singulière. Il y a des couples qui ne tiennent qu'à la condition de respirations, suivant une mélodie qui nécessite des silences, des pauses dans la présence. Il y a des relations qui ont besoin d'être complétées par d'autres espaces de dialogue, d'échange et de sociabilité que celui du couple. Chacun a sans doute besoin d'un autre espace de valorisation et d'expression que celui du couple. En être privés a pu constituer une frustration qui s'est reportée sur le conjoint, qui nous est alors apparu dans toute son « insuffisance », au regard de ce qui nous manquait. Ces reproches, injustes et liés aux circonstances, doivent pourtant être distingués de constats qui ont pu émerger au fil du confinement, à mesure que, vivant avec l'autre au quotidien, on a vu se cristalliser ce qui constituait déjà des points de tension ou de déception dans la relation. Autrement dit, pour certains, cette expérience aura accéléré une rupture qui se profilait déjà à l'horizon de leur histoire. Ce qui restait en sourdine est soudain devenu très bruyant, parce qu'il n'était plus possible de faire semblant et parce qu'on avait aussi du temps pour réfléchir à ces difficultés recouvertes jusqu'alors par d'autres urgences. Mais lorsque le travail ou la sociabilité extérieure disparaissent comme puissances de détournement, certaines évidences cruelles concernant la nature de nos relations apparaissent au grand jour.

Nicolas Truong. – Malgré tout, ces nouveaux rapports aux lieux n'ont-ils pas créé de nouveaux liens ?

Claire Marin. – Si, sans doute, mais on peut se demander s'ils seront durables ou s'ils ne ressemblent pas à des amitiés éphémères de vacances. Ces liens, créés dans un contexte d'angoisse ou d'ennui, pourraient être vite remplacés par le retour de la sociabilité habituelle. Peut-être qu'on aura eu des amitiés ou des amours (virtuelles) de confinement qui ne survivront pas au désir d'un retour à la normale.

Pour être plus optimiste, on peut noter cependant que cela aura été l'occasion pour certaines familles de se retrouver et de passer un temps exceptionnellement long et continu avec leurs enfants, petits ou grands, de les découvrir sous un autre jour, de partager des activités nouvelles avec eux, d'engager des discussions plus profondes peut-être, autorisées précisément par cette durée. Il y a des choses qui ne se révèlent ou qui ne se disent que lentement. C'est aussi peut-être ce que l'on a redécouvert : tout ne peut pas se vivre dans l'accélération et la précipitation. Il y a des vertus à la lenteur, il y a une nécessité de la patience. Des familles habituellement dispersées par la géographie des études ou des carrières professionnelles ont ainsi pu vivre ensemble selon une temporalité très différente, pendant un moment qu'ils étaient jusqu'alors incapables de dégager les uns pour les autres. Peut-être que cela les incitera à être plus attentifs à l'importance de ces relations à l'avenir.

En conclusion, il me semble que cette période si particulière a ravivé la question de la place, à la fois dans l'espace concret et dans la représentation symbolique. Cette crise, qui nous a tous déplacés, nous interroge sur les places qui sont les nôtres, ces places où nous sommes nous-mêmes et non pas hors de nous, ces places où notre action est utile ou nécessaire, ces places qui ne sont pas seulement celles de notre confort personnel. En ce sens, elle ne nous aura pas seulement déplacés, mais peut-être aidés à nous décentrer et recentrer à la fois.

Nicolas Truong. – « La santé mentale des Français s'est significativement dégradée », a déclaré le ministre de la Santé, avec « une augmentation conséquente des syndromes dépressifs pour tous les profils sociodémographiques[1] ». Comment toutes ces épreuves, angoisses et restrictions mettent-elles l'intime à l'épreuve ?

Claire Marin. – Il est plus que temps de s'en préoccuper ! Dès le premier confinement, les psychiatres ont vu affluer aux urgences des nouveaux patients, en proie à des crises d'angoisse ou à des épisodes de décompensation violents. On comprend facilement que pour les malades les plus fragiles sur le plan psychique, être confinés constitue un facteur aggravant. Mais cette situation inédite a aussi produit des souffrances psychiques chez des sujets qui n'en avaient jusqu'alors jamais connues, comme si elle avait un effet catalyseur. Tout ce qu'on réussissait à faire tenir en équilibre, dans l'arrière-fond de notre conscience, semble, dans certains cas, avoir explosé. L'absence de « divertissement » social, de

1. Olivier Véran, Point sur l'évolution de la situation sanitaire, 26 novembre 2020.

dérivatifs festifs, de valorisation dans le domaine professionnel, la disparition en partie de notre « personnage social », ont produit une mise à nu particulièrement déstabilisante.

Il est regrettable que l'on n'ait pas mis en place plus tôt des instances de soutien psychique accessibles. On a le réflexe de proposer des cellules psychologiques lors d'événements traumatisants comme les attentats. On a sans doute sous-estimé l'impact de cette crise qui nous traverse (plus que nous la traversons) et défait violemment ou insidieusement des structures profondes de notre rapport aux autres ou notre capacité de projection dans l'avenir. Les éléments permettant une certaine confiance (pouvoir être soutenus par ses proches, pouvoir envisager des choses sur un temps long, pouvoir compter aussi sur un revenu, évidemment) sont désormais fragiles, suspendus ou perdus. Chacun, quelle que soit sa situation, est dépossédé du tissu de relations qui constituait un support tout aussi symbolique que réel. C'est l'idée de pouvoir compter sur quelqu'un en cas de difficultés, de pouvoir continuer des études, trouver ou retrouver du travail, c'est tout ce « luxe du possible », affectif ou matériel, qui nous aide à supporter le réel. C'est précisément ce « luxe » que nous avons souvent perdu dans cette crise. On comprend que cette situation soit particulièrement angoissante, en particulier pour les jeunes, chez qui la souffrance psychique semble s'être considérablement accentuée.

Il y a ici un enjeu auquel il faut faire face rapidement. Si les appels téléphoniques se multiplient très significativement depuis le deuxième confinement sur les lignes d'écoute, ils ne constituent pas une réelle prise en charge médicale. Il faut que ces personnes en souffrance puissent être redirigées vers des thérapeutes pour un soin durable. Le soin psychique, plus que n'importe quel autre peut-être, ne peut se faire que dans la durée, la personnalisation du soin et la confiance. Il faut le rendre plus accessible, matériellement mais aussi, peut-être, symboliquement, là où, dans certains imaginaires, il est encore relié soit à une pratique sociale de privilégiés, soit à l'aveu d'une faiblesse humiliante.

Nicolas Truong. – Nos vies ne sont-elles pas ainsi réduites à l'économie, dans une sorte de métro-boulot-dodo sanitaire et autoritaire ?

Claire Marin. – Oui, dans tous les sens du terme. D'abord, littéralement, puisque l'étymologie d'« économie » nous renvoie à l'idée de gérer la maison. Il s'agit d'assurer la base économique qui nous permet d'avoir un toit et de nous nourrir. Pour certains, cette tâche est déjà extrêmement difficile, car leur source de subsistance (et d'existence, le travail n'est pas nécessaire que sur le plan matériel) est suspendue. Parce qu'ils sont « non essentiels ». On note au passage la violence de cette nouvelle hiérarchie. Qu'est-ce qui nous est vraiment essentiel ? Pouvoir se mêler aux autres, dans des espaces communs comme les restaurants, les cafés, les cinémas ou les piscines et les terrains de foot, est un besoin essentiel, nécessaire à notre équilibre psychique. Nous sommes des animaux sociaux.

Mais on peut également dire que nous vivons à l'économie ou en « mode économique » puisque la plupart des vies ont perdu de leur ampleur, sur différents plans, soit parce que, financièrement, les revenus ont été diminués par la crise – il n'est pas rare que, dans une famille, l'un des membres soit assez sérieusement touché –, soit parce que, sur un plan existentiel, nos vies nous paraissent rétrécies : nous ne pouvons plus voir nos proches ou nos amis comme nous le souhaiterions, nous devons renoncer aux échanges, aux sorties, aux plaisirs qui donnent de l'intensité, du relief ou du sens à un quotidien devenu bien morne.

Nicolas Truong. – Pourquoi, depuis la deuxième vague de l'épidémie, avons-nous l'impression de vivre « un jour sans fin », pour reprendre l'expression du président de la République[1] ?

Claire Marin. – Précisément parce que la vie s'étant réduite à une logique de nécessité, elle paraît plus répétitive, il y a moins d'éléments de surprise, moins de

1. Emmanuel Macron, Adresse aux Français, 28 octobre 2020, en ligne, URL : <https://www.elysee.fr/emmanuel-macron/2020/10/28/adresse-aux-francais-28-octobre>.

possibilités de rencontres, moins d'imprévu. La vie perd de sa diversité en se resserrant sur les seuls espaces réels ou virtuels de la famille et du travail. Et puis, si le premier confinement avait été envisagé dans un état d'esprit d'abord solidaire et combatif, on sent bien que la population est épuisée, et certaines catégories tout particulièrement, comme les soignants.

Nos ressources psychiques comme nos capacités d'endurance physique ne sont pas illimitées. Si nous étions capables de nous soucier des autres, de faire preuve de sollicitude ou d'empathie, de générosité au printemps, c'est que nous n'étions pas éprouvés comme nous le sommes désormais, que nous pensions vivre une parenthèse et que nous avions même l'espoir d'effets positifs. Aujourd'hui, nous ne pouvons plus nous appuyer sur ce genre d'espérances, un certain nombre d'élans ont été déçus et de nombreuses situations se sont aggravées. Il faut à présent gérer les effets de la première vague.

Dans les hôpitaux, les urgences doivent faire face non seulement au manque de soignants, mais aussi aux conséquences dramatiques des retards de diagnostic liés au premier confinement. Les patients arrivent dans des états critiques, les « pertes de chances » sont réelles. Ils sont les victimes indirectes du Covid-19. Dans les écoles, les collèges, les lycées et les facultés, on voit les séquelles de longs mois sans présence en classe : les lacunes importantes, la fébrilité et l'inquiétude, notamment des élèves les plus âgés, pour leurs examens, pour leur avenir. On peut avoir l'impression d'être face à des tâches démesurées et on craint évidemment la perspective de Sisyphe. Est-ce que tout cela ne recommencera pas de nouveau d'ici quelques mois ? Certaines journées ressemblent à un mauvais rêve dont on ne réussit pas à s'extraire.

Nicolas Truong. – Comment remédier à la rupture des liens provoquée par la crise sanitaire ?

Claire Marin. – Je crois que les liens « essentiels », puisqu'il me semble qu'ici cet adjectif est justifié, survivront à cette épreuve. Précisément parce que nous avons éprouvé à quel point nous avions besoin les uns des autres et que nous serons peut-être un peu plus soucieux de ceux que nous délaissons parfois, les plus âgés, fragiles ou esseulés. Mais je m'inquiète aussi de notre « épuisement » et des habitudes virtuelles : est-ce que nous retrouverons l'élan, l'énergie, est-ce que nous serons capables des efforts que demandent les relations, ou est-ce qu'une nouvelle hiérarchie se mettra en place ? Ce qui peut se contenter d'un Zoom, et ce qui mérite qu'on se déplace, qu'on se rencontre. Il me semble que quelque chose de cette logique – s'épargner l'effort de certaines relations – se dessine déjà. Or c'est souvent dans les marges d'une rencontre que se jouent l'intensité et la profondeur qu'une relation peut prendre. Nous risquons, sous prétexte d'une facilité pratique, de passer à côté de rencontres peut-être essentielles.

Nicolas Truong. – Pourquoi la maladie est-elle une catastrophe intime, et dans quelle mesure l'intimité est-elle, selon vous, interdite au malade ?

Claire Marin. – Elle est une catastrophe parce qu'elle bouleverse la perception de soi, le sentiment d'identité. Elle peut être vécue comme une déchéance physique, une expérience humiliante, dégradante ou terrifiante, comme cela a été le cas pour certains malades du Covid très gravement atteints. L'intimité est d'autant plus interdite aux malades durant cette pandémie que cette maladie nous oblige à l'exposer, à nous signaler comme malades. Nous devons dire que nous sommes malades pour avertir et protéger les autres du danger que nous constituons. Atteints du Covid, nous ne sommes pas « seulement » des victimes, nous devenons une menace. Nous ne pouvons plus bénéficier du soutien que le malade trouve habituellement auprès des siens, à travers des gestes de réconfort ou une simple présence.

Cette crise sanitaire oblige aussi les malades « discrets », ceux dont la pathologie peut être vécue sans être dévoilée, à rendre publique leur maladie : il a ainsi fallu dire qu'on était à risque, là où l'on pouvait être fragile sans que les collègues ou les voisins le sachent. Cette crise nous piège dans une visibilité contrainte. Elle nous rend transparents malgré nous, elle dit qui nous fréquentons (lorsque nous devons identifier des cas contacts), elle rend publique une partie de ce qui restait encore, dans cette époque de la grande exhibition, secret ou privé.

Dernier point : la logique sanitaire crée des « malades potentiels », désigne comme vulnérables des personnes âgées qui ne se seraient jusqu'alors pas définies comme telles. Cette opposition entre le sentiment de soi et l'étiquette apposée arbitrairement, cette fragilité décrétée, est aussi une expérience assez violente, comme un vieillissement soudain et accéléré. La maladie s'est immiscée dans nos vies, dans nos gestes, nos habitudes et notre imaginaire. Elle est le nom d'une nouvelle inquiétude contemporaine.

Table des matières

Chez le même éditeur
(extrait)

Razika Adnani, Jean-Louis Bianco, Latifa Ibn Ziaten, avec José Lenzini, *Laïcité et islam, mission possible ?*

Bilel Ainine, Xavier Crettiez, « *Soldats de Dieu* ». *Paroles de djihadistes incarcérés*

Jean Claude Ameisen, avec Nicolas Truong, *Les chants mêlés de la Terre et de l'Humanité.* Illustrations de Pascal Lemaître

Tahar Ben Jelloun, *Un pays sur les nerfs*

Philippe J. Bernard, Thierry Gaudin, Susan George, Stéphane Hessel, André Orléan, *Pour une société meilleure !*

Eva Bester, avec Jérémie Peltier, *Une époque mélancolique ?*

Lucien Bianco, *La révolution fourvoyée. Parcours dans la Chine du XX*[e] *siècle*

Jean Blaise, Jean Viard, avec Stéphane Paoli, *Remettre le poireau à l'endroit*

Jean-François Bernardini, *L'autre Enquête corse*

Laurent Berger, avec Denis Lafay, *Au boulot !*

Richard Bouigue, Pierre Rondeau, *Le foot va-t-il exploser ?*

Pierre Brémond, *Brèves de sport*

Antoine Bristielle, *À qui se fier ?*

Christian Bromberger, *La Méditerranée entre amour et haine*

Albert Camus, *La vie libre.* Illustrations de Pascal Lemaître

Isabelle Cassiers, Kevin Maréchal, Dominique Méda (dir.), *Vers une société post-croissance*

Samuel Chalom, Dominique Vidal, *Portraits d'une France à deux vitesses*

Sophie Chabanel, *Maraudes littéraires*

Bernard Chevassus-au-Louis, *Biodiversité : voir la vie autrement*

Pierre Clastres, *Archéologie de la violence. La guerre dans les sociétés primitives*

Daniel Cohen, *Contre la solitude sociale*

Pierre Conesa, *Guide du paradis. Publicité comparée des Au-delà* (existe en version illustrée par Pascal Lemaître)

Boris Cyrulnik, *La petite sirène de Copenhague*

Boris Cyrulnik, Edgar Morin, *Dialogue sur la nature humaine* (existe en version illustrée par Pascal Lemaître)

Boris Cyrulnik, Boualem Sansal, avec José Lenzini, *L'impossible paix en Méditerranée*

Boris Cyrulnik, Tzvetan Todorov, avec Nicolas Truong, *La tentation du Bien est beaucoup plus dangereuse que celle du Mal*

Julien Damon, *Qui dort dehors ?*

Julien Damon, *Inconfinables ? Les sans-abri face au coronavirus*

Caroline Dayer, *Sous les pavés, le genre*

Caroline Dayer, *Le pouvoir de l'injure*

Pascal Dibie, *Quelques pistes pour sentir venir le fascisme avant qu'il ne s'impose*

Pierre-Antoine Donnet, *Le leadership mondial en question*

Bertrand Duccini, *Djihadisme, une pornographie de la violence*
Éric Dupond-Moretti, avec Denis Lafay, *Le droit d'être libre*
François Durpaire, Béatrice Mabilon-Bonfils, *Fatima moins bien notée que Marianne… L'islam et l'école de la République*
Ismail Ferhat, *Des discriminations sous-estimées ?*
Hervé Fischer, *L'âge hyperhumaniste*
François Flohic, *68 côté de Gaulle. L'aide de camp du Général témoigne*
Jérôme Fourquet, *Accueil ou submersion ? Regards européens sur la crise des migrants*
Nicolas Goarant, *Le sommeil malmené*
Martin Gray, avec Mélanie Loisel, *Ma vie en partage*
Flora Ghebali, *Ma génération va changer le monde*
Salah Guemriche, *Chroniques d'une immigration choisie*
Laurence Hansen-Løve, *Simplement humains*
Malika Hamidi, *Un féminisme musulman, et pourquoi pas ?*
Ghada Hatem-Gantzer, avec José Lenzini, *Aux pays du machisme ordinaire*
Adeline Hazan, Adrien Taquet, *La prison, alpha et oméga de la punition ?*
Françoise Héritier, avec Caroline Broué, *L'identique et le différent*
Stéphane Hessel, avec Gilles Vanderpooten, *Engagez-vous !*
Stéphane Hessel, avec Edgar Morin et Nicolas Truong, *Ma philosophie*
François Hollande, Edgar Morin, avec Nicolas Truong, *Dialogue sur la politique, la gauche et la crise*

Nancy Huston, *Naissance d'une jungle*

François Jullien, avec Nicolas Truong, *Pourquoi il ne faut plus dire « je t'aime »*. Illustrations de Pascal Lemaître

Valérie Jousseaume, *Plouc Pride. Un nouveau récit pour les campagnes*

Étienne Klein, avec Denis Lafay, *Sauvons le Progrès*

Smaïn Laacher, *Ça me pèse. Obésité et corps embarrassant*

Denis Lafay (dir.), *Maintenant, on fait quoi ?*

Denis Lafay (dir.), *Un éloge de la fragilité*

Denis Lafay (dir.), *Pour une véritable communauté humaine*

Hervé Le Bras, *Serons-nous submergés ? Épidémie, migrations, remplacement*

Hervé Le Bras, *Se sentir mal dans une France qui va bien*

Hervé Le Bras, *Le sol et le sang*

Philippe Lemoine, *Une révolution sans les Français ?*

Raphaël LLorca, *La marque Macron*

Mélanie Loisel, *Ils ont vécu le siècle*

Gilles Luneau, *Steak barbare*

Béatrice Mabilon-Bonfils, Geneviève Zoïa, *La laïcité au risque de l'Autre*

Denis Maillard, *Indispensables mais invisibles ?*

Damon Mayaffre, *Macron, ou le mystère du verbe*

Noël Mamère, avec Stéphanie Bonnefille, *Les mots verts*

Gauthier Marchais, *Le déni blanc. Penser autrement la question raciale*

Claude Martin, *La diplomatie n'est pas un dîner de gala*

Dominique Méda, *Travail : la révolution nécessaire*

David Medioni, *Être en train. Récits sur les rails*
Yves Michaud, avec Denis Lafay, *Aux armes citoyens !*
Arnauld Miguet, *133 jours à Wuhan avec un chien, un chat et la peur au ventre*
François Miquet-Marty (dir.), *Réinventons le progrès !*
Robert Misrahi, avec Denis Lafay, *Petit manuel de bonheur à l'usage des entrepreneurs... et des autres.* Illustrations de Pascal Lemaître
Danielle Mitterrand, avec Gilles Vanderpooten, *Ce que je n'accepte pas*
Chloé Morin, *Les inamovibles de la République. Vous ne les verrez jamais, mais ils gouvernent*
Chloé Morin, Daniel Perron, *Être vieux : relégation ou solidarité ?*
Edgar Morin, Pierre Rabhi, avec Denis Lafay, *Frères d'âme*
Edgar Morin, *Culture et barbarie européennes*
Edgar Morin, *L'entrée dans l'ère écologique*
Edgar Morin, avec Denis Lafay, *Le temps est venu de changer de civilisation.* Illustrations de Pascal Lemaître
Edgar Morin, *La Marseillaise.* Illustrations de Pascal Lemaître
Edgar Morin, *Où est passé le peuple de gauche ?*
Edgar Morin, *L'esprit du temps*
Anne Muxel, *Politiquement jeune*
Gérard Noiriel, avec Nicolas Truong, *Les Gilets jaunes à l'épreuve de l'histoire*
Fabrice Olivet, *Au risque de la race*
Michel Onfray, *La parole au peuple*
Erik Orsenna, *Les vérités fragiles* (existe en version illustrée par Pascal Lemaître)

Serge Paugam, *Vivre ensemble dans un monde incertain*
Pascal Picq, avec Denis Lafay, *S'adapter ou périr. Covid-19 : faire front*
Pascal Picq, avec Denis Lafay, *Une époque formidable*
Sandrine Prévot, *L'Inde, une société de réseaux*
Sandrine Prévot, *Inde. Comprendre la culture des castes*
Alexandra Profizi, *Le temps de l'ironie*
Pierre Rabhi, avec Denis Lafay, *J'aimerais tant me tromper*. Illustrations de Pascal Lemaître
Pierre Rabhi, *La part du colibri* (existe en version illustrée par Pascal Lemaître)
Hubert Reeves, *Parmi des millions*. Illustrations de Pascal Lemaître
Hubert Ripoll, *L'oubli pour mémoire*
Olivier Roy, avec Nicolas Truong, *La peur de l'islam*
Jean-Christophe Rufin, avec Denis Lafay, *Compostelle, en Chemin vers soi*. Illustrations de Pascal Lemaître
Laurent-David Samama, avec Jérémie Peltier, *Éloge de la défaite*
Marlène Schiappa, *Une & Indivisible*
Marlène Schiappa, *Le deuxième sexe de la démocratie*
Marlène Schiappa, Jérémie Peltier, *Laïcité, point !*
Marlène Schiappa, *La culture du viol*
Céline Schoen, *Parents de djihadiste*
Robert Solé, *L'envers des mots*
Benjamin Stora, avec Thierry Leclère, *La guerre des mémoires*
François de Singly, *L'individualisme est un humanisme*
Hubert Testard, *Pandémie, le basculement du monde*
Alain Touraine, avec Denis Lafay, *Macron par Touraine*

Nicolas Truong (dir.), *Philosophie de la marche*
Nicolas Truong (dir.), *Le crépuscule des intellectuels français*
Nicolas Truong (dir.), *Résister à la terreur*
Nicolas Truong (dir.), *Résistances intellectuelles*
Adèle Van Reeth, *Vivre et revivre encore*
Agnès Vannouvong, *C'est quoi ton genre ?*
Pierre Veltz, *La France des territoires : défis et promesses*
Pierre Veltz, *Paris, France, monde*
Jean Viard, *La révolution que l'on attendait est arrivée*
Jean Viard, *La page blanche*
Jean Viard, *Le sacre de la terre*
Jean Viard, *Un nouvel âge jeune ?*
Jean Viard, *Le triomphe d'une utopie*
Jean Viard, *Nouveau portrait de la France*
Olivier Weber, *Si je t'oublie Kurdistan*
Patrick Weil, *Être français* (existe en version illustrée par Pascal Lemaître)
Jean Ziegler, avec Denis Lafay, *Les murs les plus puissants tombent par leurs fissure*

La Clairière des LIVRES

Pour chaque titre d'un livre imprimé, un arbre est planté dans une forêt de 15 hectares en Centre Bretagne.

www.typolibris.fr (by Printcorp)

Pour limiter l'empreinte environnementale
de leurs livres, les éditions de l'Aube
font le choix de papiers issus de forêts
durablement gérées et de sources contrôlées.

Achevé d'imprimer en mai 2021
sur les presses de l'imprimerie Print Corp
pour le compte des éditions de l'Aube
331, rue Amédée-Giniès, F-84240 La Tour d'Aigues

Numéro d'édition : 4410
Dépôt légal : juin 2021
Numéro d'impression : 21040371

Imprimé en Europe